AUX

HABITANS

DU MIDI,

R. L. DE VILLENEUVE-VILLENEUVE,

Chef de bataillon, membre de la Légion d'Honneur
et de plusieurs sociétés savantes.

Fortè nondùm etiam vos dominationis eorum
satietas tenet; et illa quàm hæc tempora magis
placent, cùm provinciæ, leges, jura, bella atque
paces, postremò divina et humana omnia penès
paucos erant. (SALL. Jug. 31.)

A PARIS,

Chez MONGIE, Libraire, boulevart Montmartre, près
les Panoramas.

~~~~~~~~~~

9 AVRIL 1815.
~~~~~~~~~~

AUX

HABITANS DU MIDI.

Marseillais! Provençaux ! habitans du Midi! au milieu de vos cris tumultueux, au milieu de l'orage de vos passions toujours ardentes, toujours extrêmes, sera-t-il permis à un de vos compatriotes, de vos amis d'élever la voix, de vous demander quel est le motif, quel est le but de ces mouvemens séditieux, de cet appel aux armes, à la guerre civile.

Écoutez-moi.... Écoutez les paroles d'un homme que vous connaissez tous, que vous savez être incapable de trahir la vérité, de manquer à l'honneur.

Vous voulez Louis XVIII.

C'est pour lui que vous armez vos bras, que vous compromettez votre repos, le sort de vos familles. C'est pour lui que vous isolez votre vœu de celui de la France entière.

Avant de porter le fer dans le sein de vos compatriotes, avant de servir l'ambition d'un petit nombre d'individus qui vous trompent, examinez jusqu'à quel point votre intérêt est lié à la cause des Bourbons; interrogez l'expérience d'une année; voyez ce qu'a fait pour votre bonheur, pour celui des Français, le chef de cette famille réputé le plus sage, le plus éclairé d'entr'eux.

Louis XVIII, appelé de la solitude d'Hart-well au trône de la France par l'Europe en armes, y arrive avec des opinions surannées, avec une connaissance arriérée des choses et des hommes. Au lieu de tâcher de rejoindre son siècle, il cherche à lui imprimer un mouvement rétrograde. Sa première démarche est d'humilier la nation en lui déclarant qu'il n'est redevable de son autorité qu'aux droits de sa naissance, qu'aux succès des ennemis de la patrie, qu'il ne craint pas d'appeler ses alliés.

Au lieu d'accepter une constitution libérale qui règle les droits du peuple et les siens, c'est lui qui dicte les conditions, c'est lui qui, en vertu de sa toute-puissance, daigne accorder une charte constitutionnelle, dont les expres-sions équivoques fournissent bientôt à ses mi-nistres les moyens de la violer impunément.

Au lieu de se nationaliser, il s'isole de son peuple, il s'entoure d'un petit nombre d'hom-mes étrangers à la patrie, étrangers encore plus à la gloire de la patrie. Il fait choix de conseillers ineptes, sinon perfides. Peut-il ne pas savoir que c'est par les gens que le prince tient auprès de sa personne, que l'on juge de son esprit et de sa prudence (1)?

____

(1) Il me semble, dit Commines (chap. 3, liv. 3), que l'un des plus grands sens que puisse montrer un souve-rain, c'est d'accointer et approcher de lui gens vertueux, honnêtes; car il sera jugé, à l'opinion dès gens, de la con-dition et nature de ceux qu'il tiendra plus prochains de lui.

Il ignore, ses ministres lui cachent, que l'esprit humain a pris une nouvelle vie au milieu des agitations, au sein des catastrophes; que les questions les plus délicates sur l'art de gouverner ont été discutées, approfondies et fixées; que les lumières plus généralement répandues ont éclairé les peuples sur leurs intérêts, sur leurs droits; que l'homme enfin a fait un pas immense vers la perfection.

Avec la même ignorance ou la même perfidie, sous prétexte de réformes, ses conseillers lui persuadent de faire sortir des rangs de l'armée vingt mille officiers, couverts, pour la plupart, d'honorables blessures, la gloire de la France, la terreur de l'ennemi. Ces braves sont renvoyés dans leurs foyers; on leur accorde la jouissance *précaire* d'une partie de leurs appointemens, à peine suffisante pour les premiers besoins de la vie. Les uns, à la fin de leur carrière glorieuse, retombent à la charge de leurs proches; d'autres qui, moins avancés en âge, auraient encore pu prendre un état, se livrer à des occupations lucratives, en sont empêchés par le ministère, qui prétend avoir le droit de les tenir à sa disposition.

A-t-il pu croire ce ministère que 20,000 familles, que 20,000 communes resteraient indifférentes au sort de leurs parens, de leurs amis, et verraient sans indignation en proie au besoin ceux dont elles avaient suivi avec tant d'intérêt les actions, les succès; ceux auxquels elles s'enorgueillissaient d'appartenir; ceux sur lesquels elles avaient appelé tant de fois, par leurs vœux anticipés, la reconnaissance de la patrie?

Sous le même prétexte d'économie, on leur retranche les émolumens attachés à cette décoration, l'objet de tant de sueurs, le but de tant de fatigues, le prix de tant de hauts faits. L'étoile de la Légion-d'Honneur est prodiguée, avilie au point qu'on en vient à douter s'il n'est pas plus honteux qu'honorable d'en être décoré.

On persuade au monarque de signer un traité humiliant, rendu nécessaire par la légèreté ou l'impatience d'un prince qui remet nos places fortes à l'ennemi, et nous livre par là à sa discrétion et à son mépris.

Le clergé, ce corps dont les fonctions, les seules fonctions doivent être de diriger les marques extérieures du culte, est appelé à prendre part à l'administration, à la législation publiques. Il occupe les premières places au conseil des souverains, les premières places dans le premier corps de l'état. Directeurs de la toute-puissance, les prêtres ne dissimulent plus leurs projets d'asservir l'opinion, d'envahir la fortune publique.

Le roi est circonvenu, obsédé par ces nobles titrés dont l'histoire tait les noms, par ces émigrés *prudens* qui désertèrent la patrie au lieu de chercher à éteindre l'incendie qui la consumait, qui abandonnèrent un prince faible parce qu'il annonçait des idées libérales. Ceux-ci redemandent des possessions dont ils furent peut-être privés injustement, mais qu'il serait tout aussi injuste d'enlever aux propriétaires actuels; ceux-là revendiquent des droits dont le souvenir seul est un opprobre pour la nation.

Cependant les impôts sont-ils diminués? Les peuples jouissent-ils d'une plus grande liberté? Non. Les droits réunis (1), dont on avait promis l'abolition, reparaissent sous le nom d'impôts indirects; la liberté individuelle est arbitrairement violée; la faculté d'écrire soigneusement défendue.

Les dépenses augmentent, au lieu de diminuer, la liste civile, seule, s'élève à près de 80 millions (2), tandis que le parlement d'Angleterre, de la nation la plus riche de l'u-

---

(1) Rien de plus inconséquent que la proclamation de Vesoul, où se trouvaient ces paroles : « Plus de droits réunis, plus de conscription ».

Plus de droits réunis. — Comment aurait-on rempli le vide qu'aurait occasionné au trésor l'abolition des droits réunis? Le peuple, il est vrai, a toujours murmuré contre cet impôt, mais plus contre le mode de perception qui était vexatoire, que contre l'impôt lui-même, dont l'assiette était juste, qui du reste retombait, en dernière analyse, sur le consommateur. Louis XVIII fut donc obligé de le conserver; mais il fit la faute de ne point l'abonner, comme vient de faire l'Empereur, seul moyen d'empêcher les vexations.

Point de conscription. — Louis XVIII tint mieux cette partie de la promesse de son frère; on décréta dans la charte le principe qu'il n'y aurait plus de conscription. J'ignore comment on s'y serait pris, en cas de guerre, pour recruter l'armée, tandis que nos voisins, outre la conscription, avaient employé, et employaient encore, la mesure bien plus violente des levées en masse, telles que *les insurrections, les landwehr, les landsturm*.

(2)	Domaines royaux.	20 millions.
	Au roi.	30
	Pour la maison militaire.	20
	Aux princes.	8
	Total.	78

nivers, n'en accorde que quinze à son souverain.

Rien n'arrête les ministres, leurs actes de despotisme se multiplient sans trouver même des contradicteurs. Après la longue lutte de la révolution, les têtes, ainsi que les bras, avaient besoin de repos. Le gouvernement militaire, dont nous venions de sortir, avait enseigné le silence. L'habitude d'obéir, quelques récompenses au-devant desquelles ne rougissaient pas d'aller quelques représentans de la nation, rendaient faciles au ministère ses tentatives d'usurpation.

À la vue de tant de fautes, l'observateur attentif dut s'attendre à de nouveaux changemens. Comment aurait-il pu croire qu'après vingt-cinq ans de combats pour conquérir sa liberté, la nation, forte de ses lumières et de l'expérience qu'elle en avait faite, se laisserait ramener au point d'où elle était partie, courberait une tête docile sous le joug humiliant des prêtres, sous le niveau de plomb des institutions féodales! Elle avait écrasé, sous sa masse d'inertie, un gouvernement fort de volonté et de moyens; à plus forte raison, devait céder au premier choc une machine faible, mal construite, dont on venait encore de déranger les contre-poids (1). Des mains peu prévoyantes avaient disséminé sur toute la surface de l'empire les germes du mécontentement; il se

____

(1) *Nihil rerum mortalium tam instabile ac fluxum esse, quàm fama potentiæ, non suâ vi nixæ.* (Tacit., *Annal.* 13.)

communiquait de proche en proche; une ex-
plosion violente allait avoir lieu (1), lorsqu'un
grand homme reparut tout à coup au milieu
de nous.

Quel miracle s'opère! j'ai de la peine à le
croire, bien que j'en aie été le témoin. A la vue
de ce général qui le mena tant de fois à la victoire, les armes tombent des mains du soldat
qui lui est opposé; à la vue de cet Empereur
de son choix, la nation qu'il avait habituée à se
regarder comme la première de toutes, re-
trouve son énergie, et comptant davantage sur
la pensée d'un héros qui ne lui promet rien,
que sur la parole d'un roi qui ne peut *répon-
dre de ses vertus*, par un instinct sublime, elle
remet sur sa tête la couronne qu'il a déposée
un an auparavant (2).

Moins à portée, dans vos départemens, d'étu-

---

(1) On ne peut douter qu'il n'y eût un fort parti en
faveur du duc d'Orléans, que l'on aurait obligé d'accepter un pacte dont il n'eût point dicté les conditions.

(2) Des gens, qui se croient clairvoyans, ont dit que
ce changement, dont l'histoire n'offre aucun exemple,
n'était que l'effet d'une vaste conspiration qui embrassait
tout le territoire de l'empire, le cabinet des souverains
étrangers, le cabinet même de Louis XVIII. Ils vont jusqu'à nommer les Spencer (1), les Churchill et les Corn-
bury (2) de cette révolution. Je les laisserai se complaire
dans leurs conjectures; pour moi, je suis persuadé, j'ai la
conviction intime que si l'Empereur avait eu des confi-
dens, des complices, il n'aurait pas réussi. C'est le mérite
personnel, c'est l'inégalité des talens qui a décidé entre
Napoléon et Louis.

(1) Ministre de Jacques II, roi d'Angleterre. 1688.
(2) Généraux de Jacques II.

dier la marche des événemens et des opinions; vous n'avez pas eu le temps de connaître les fautes, les erreurs, les entreprises coupables du ministère de Louis XVIII, dont je viens de vous tracer le tableau fidèle, bien qu'incomplet. Sur la foi de quelques malveillans, vous avez cru que l'Empereur n'était revenu dans notre belle patrie que pour y attiser le feu de la discorde et de la guerre civile. Occupés du soin de rétablir votre commerce, de relever vos manufactures, on vous a persuadé que le cours de vos travaux allait, de nouveau, être interrompu. Le privilége de la franchise du port de Marseille, ce privilége obtenu après tant de sollicitations, de débats, de délais (1), on vous aura dit qu'il allait vous être arraché: n'écoutez pas ces paroles insidieuses. Si j'ai bien lu dans la pensée de Napoléon, il n'est guère porté à sacrifier le repos de la nation à sa gloi-

---

(1) Ce privilége si illusoire, aurais-je pu ajouter. En effet, à quoi servira à Marseille sa franchise, tandis que le commerce du Levant est entre les mains des Anglais, que Malte est en leur pouvoir, que ce dernier port a été déclaré franc? — Tout annonce dans l'Empereur qu'il a renoncé à étendre sa domination au-delà des Alpes. Les vœux des Marseillais se trouveront alors d'accord avec sa politique. — Je désire me tromper; mais je crains bien que l'expérience ne leur apprenne que le temps de la splendeur de leur commerce est passé, que le bassin de distribution des richesses du Levant et des Antilles a changé de place comme de propriétaires. — Ingrats Marseillais! que n'a pas fait pour vous l'Empereur! qui a stipulé le traité d'Amiens, traité qui étouffait votre rivale naissante, traité dont la violation a causé la guerre maritime, et par suite toutes les guerres continentales qu'il a eu à essuyer.

re personnelle. A mesure que les rangs des flatteurs se sont éclaircis, la vérité a pu percer jusqu'à lui. Descendu dans la foule, il a vu ce qu'il ne faisait qu'entendre, ce que même il ne pouvait entendre. Ce n'est pas avec lui que les leçons de l'expérience peuvent être perdues. Vous le verrez encourager l'agriculture, l'industrie, chercher dans l'affection de ses sujets des ressources contre l'adversité, et, tant qu'il pourra opter entre l'olive et le laurier, ne point commettre imprudemment, au hasard des combats, la décision de ses droits et de ses intérêts.

Éprouvé par le malheur, mûri par la méditation, abjurant ses erreurs (1), déjà il adopte une politique plus indulgente, plus libérale. Déjà la puissance législative est rendue à la nation; la censure est abolie; le vice de perception des droits réunis, corrigé. Les assemblées du Champ de Mai sont rétablies.

Reconnaissez surtout le prix de ce dernier bienfait. Venez, déposez vos armes; une victoire plus certaine vous attend; venez au Champ de Mai faire entendre le langage de la raison. Venez, avec la France entière, réclamer les priviléges d'un peuple libre, demander la liberté des cultes, la liberté individuelle, la liberté de la presse, la liberté de la discussion dans les assemblées politiques, la responsabilité des ministres.

Que la nation ne paie d'impôts que ceux

----

(1) *Adhuc nemo extitit cujus virtutes nullo vitiorum confinio læderentur.*

qu'elle aura consentis ; que l'emploi des fonds soit surveillé.

Attachons-nous surtout à demander le rétablissement des *légations* (1), que Charlemagne avait instituées, ainsi que les Champs de Mai. Que les principaux habitans de chaque province aient le droit de se rassembler tous les ans dans un lieu fixe et pendant un temps déterminé pour y traiter de toutes les affaires qui intéressent le pays, pour pourvoir à ses besoins, pour aviser aux moyens de remédier aux abus naissans, pour ordonner la juste répartition de l'impôt, pour entrer enfin dans tous les détails de l'administration intérieure. Profitons de la circonstance où Napoléon ressaisit son sceptre pour ressaisir notre liberté. C'est sous cet étendard que nous devons nous rallier et non sous ce panache blanc que, de-

---

(1) Aux assemblées particulières qui avaient lieu dans chaque légation, avaient succédé les assemblées provinciales. Dans nos pays d'état, ces assemblées étaient chargées principalement de la fixation et perception des impôts et de tous les détails de l'administration. On nommait des commissaires pour s'occuper des affaires courantes dans l'intervalle d'une session à l'autre. Rien de plus économique, de plus paternel que l'administration de la Provence. On la cite comme un modèle. Je prendrai la liberté de prier ceux qui s'occupent de notre constitution, de jeter les yeux sur les ouvrages qui en traitent ; peut-être y trouveront-ils plus de moyens de nous rendre heureux que dans Delolme ou Blackstone. Car, n'en déplaise aux admirateurs des Anglais, il me semble que leur constitution ne convient guères à nos mœurs, à nos usages, et surtout à notre position géographique.

Je pourrai développer ailleurs ces idées.

puis vingt-cinq ans , on ne voit plus au chemin de l'honneur.

Que pouvez-vous espérer d'un roi dont je suis bien loin d'accuser les intentions , mais que son ministère dirigeait à son gré; qui, doué d'un jugement solide , mais sans caractère comme son aïeul Louis XV, voyait le mal et le laissait faire?

Que pouvez-vous attendre de ces princes qui, citant toujours les actions de Henri IV, sans avoir le courage de les imiter , ont laissé, pendant vingt-cinq ans, répandre des flots de sang pour leur cause, sans qu'une goutte du leur ait coulé?

Eh ! comptez-vous assez sur ces princes pour ne pas redouter que , se reposant moins sur votre affection que sur le secours d'auxiliaires , ils n'appellent l'étranger dans vos villes et avec lui tous les fléaux de la guerre?

L'étranger! vous l'avez eu dans vos murs, habitans de Toulon !...

Êtes-vous bien unis d'intentions, de sentimens? Prenez-y garde ; vous savez ce qui s'est passé à Bordeaux.

Ne se trouvera-t-il aucun traître parmi vous?

Êtes-vous bien sûrs que ceux-là même qui vous égarent, ne vous abandonneront pas , dès qu'ils verront jour à faire leur paix particulière ?

Provençaux! Marseillais! je vous ai découvert la vérité qu'on vous avait cachée jusqu'à ce jour. Soyez sourds à des insinuations dictées par l'intérêt de quelques-uns. Souvenez-vous avant tout que vous êtes Français; écoutez la voix de vos frères qui, rangés sous l'aigle glo-

rieuse, vous tendent les bras à vous qui voulez leur percer le sein, qui brûlent d'embrasser
en vous leurs frères, leurs amis, les compa-
gnons de leurs victoires. Venez, par une
promte soumission, désarmer la colère du
grand Empereur; ne lui laissez pas le temps
de se souvenir que la clémence peut être par-
fois (1) dangereuse; venez, il vous accordera
l'oubli éternel, l'oubli sincère, l'entier oubli
de vos égaremens. Hâtez-vous, chaque instant,
chaque minute ajoute à votre faute et vous
rend plus coupables.

Et toi, Napoléon, mon héros; héros de ma
patrie, j'oserai te rappeler que le premier de
tous tes officiers, je te saluai Empereur. Le premier de tous, je me joignis à tes braves, pour
partager la gloire et les dangers de ton entre-
prise audacieuse. Vie, rang, fortune, j'exposai
tout, dans l'intention, non de tirer l'épée contre ma patrie, mais de veiller à ta sûreté personnelle, dans l'intention de me précipiter au
devant des coups qu'aurait pu te porter une
main fanatisée. Je t'admirais, alors! plus rap-
proché de toi, j'ai appris à t'aimer. Eh bien!
si tu crois devoir quelque chose à mon zèle, à
mon dévouement, à ce dévouement dont je
suis prêt à multiplier les preuves, accorde à
mes compatriotes le pardon que je sollicite.

S'il est des circonstances qui puissent atté-
nuer la gravité de leur faute, qu'ils la retrou-
vent au fond de ta pensée, au fond de ton
cœur; prouve-leur que jamais tu ne fus pré-
venu contre eux.

______

(1) *Ex misericordiâ periculum.*

Réponds aux injures par des services ; aux outrages par des bienfaits.

Rends-leur ces priviléges dont ils jouissaient sous leurs anciens comtes, ces droits qu'ils défendaient avec tant de persévérance contre les entreprises du ministère.

Conserve aux Marseillais, autant que ma demande pourra s'accorder avec ta politique, la franchise de leur port.

Ne souffre point que l'étranger profite de leur industrie et de leurs capitaux. Déjà leur ville avait perdu le quart de sa population. L'amour de la patrie, l'habitude, retenaient dans ses murs la moitié des habitans qui lui restaient. Crains pour Marseille le sort de Palmyre ; crains que, sous peu d'années, au lieu de ces palais, de ces campagnes innombrables, que l'art a rendues fertiles en dépit de la nature, on ne rencontre plus qu'un amas immense de ruines, et quelques pêcheurs misérables, pour attester au voyageur futur que là fut la seconde ville de ton empire.

Imprimerie de Fain, rue de Racine, place de l'Odéon.